¡QUE VIVAN LOS BIBLIOTECARIOS!

por Tessa Kenan

BUMBA BOOKS™ en español

EDICIONES LERNER ◆ MINNEAPOLIS

Nota para los educadores:

En todo este libro, usted encontrará preguntas de reflexión crítica. Estas pueden usarse para involucrar a los jóvenes lectores a pensar de forma crítica sobre un tema y a usar el texto y las fotos para ello.

ediciones Lerner
Una división de Lerner Publishing Group, Inc.
241 First Avenue North
Mineápolis, MN 55401, EE. UU.

Si desea averiguar acerca de niveles de lectura y para obtener más información, favor consultar este título en www.lernerbooks.com

Library of Congress Cataloging–in–Publication Data

Names: Kenan, Tessa, author.
Title: ¡Que vivan los bibliotecarios! / por Tessa Kenan.
Other titles: Hooray for Librarians! Spanish
Description: Minneapolis : Ediciones Lerner, 2018. | Series: Bumba books en español. ¡Que vivan los ayudantes comunitarios! | Audience: Age 4–7. | Audience: K to grade 3. | Includes index. | Description based on print version record and CIP data provided by publisher; resource not viewed.
Identifiers: LCCN 2017018601 (print) | LCCN 2017019081 (ebook) | ISBN 9781512497571 (eb pdf) | ISBN 9781512497564 (lb : alk. paper) | ISBN 9781541510586 (pb : alk. paper)
Subjects: LCSH: Librarians—Juvenile literature. | Libraries—Juvenile literature.
Classification: LCC Z682 (ebook) | LCC Z682 .K4518 2018 (print) | DDC 020.92—dc23

LC record available at https://lccn.loc.gov/2017018601

Fabricado en los Estados Unidos de América
1 – CG – 12/31/17

Expand learning beyond the printed book. Download free, complementary educational resources for this book from our website, www.lerneresource.com.

Tabla de contenido

Los bibliotecarios nos ayudan

Los bibliotecarios trabajan

en bibliotecas.

Ayudan a la gente a aprender.

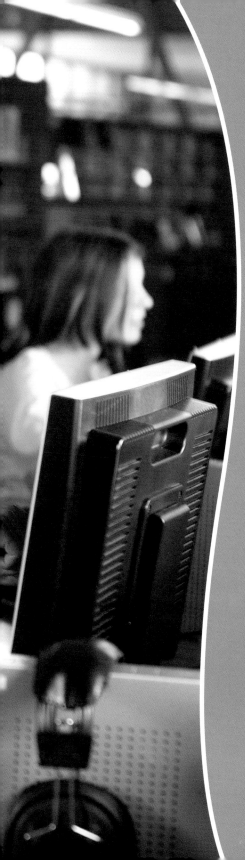

Los bibliotecarios ayudan

a la gente a usar

los catálogos.

Estos están en

una computadora.

Muestran dónde están los

libros en la biblioteca.

Los bibliotecarios se ocupan de los libros.

Los libros están en los estantes de libros.

Cada libro tiene un número de catálogo en él.

¿Por qué tienen números de catálogo los libros?

Algunas personas necesitan libros
para sus clases.

La bibliotecaria ayuda a la gente a
encontrar libros.

Ella encuentra libros sobre un tema.

Este bibliotecario toma

un libro.

Les lee a los niños.

¿Cuáles libros puede escoger el bibliotecario para leer?

Todos los bibliotecarios han estudiado

en la universidad.

¡Son muy inteligentes!

¿Por qué estudian en la universidad los bibliotecarios?

Esta biblioteca tiene un lugar especial.

La gente hace cosas aquí.

La bibliotecaria ayuda a los niños a

construir con bloques.

Los bibliotecarios hacen
programas después de
la escuela.

Organizan cosas divertidas
para los niños.

¡Estos niños conocieron
a un autor!

A los bibliotecarios les gusta ayudar a
la gente.

¿Cómo te ayudan a aprender?

Herramientas de los bibliotecarios

estantes para libros

carrito para libros

libros

computadora

Glosario de las fotografías

autor

alguien que ha escrito un libro

catálogo

una lista de todos los libros que hay en una biblioteca

número de catálogo

un código de letras y números que muestra dónde está un libro en la biblioteca

universidad

un lugar para seguir estudiando después de la secundaria

23

Leer más

Bellisario, Gina. *Let's Meet a Librarian*. Minneapolis: Lerner Digital, 2013.

Piehl, Janet. *Explore the Library*. Minneapolis: Lerner Publications, 2014.

Siemens, Jared. *Librarians*. New York: AV2 by Weigl, 2016.

Índice

Crédito fotográfico

Las fotografías en este libro se han usado con la autorización de: © Tyler Olson/Shutterstock.com, p. 5; © 3bugsmom/iStock.com, pp 6–7; © FangXiaNuo/iStock.com, p. 9; © wavebreakmedia/Shutterstock.com, pp. 10, 12–13; © Wavebreakmedia/iStock.com, p. 14; © FatCamera/iStock.com, p. 17; © Jbryson/iStock.com, pp. 18–19, 23 (esquina superior izquierda); © Tyler Olson/iStock.com, p. 21; © Marcelo Horn/iStock.com, p. 22 (izquierda); © hxdbzxy/Shutterstock.com, p. 22 (esquina superior derecha); © ronstik/iStock.com, p. 22 (esquina inferior derecha); © Soubrette/iStock.com, p. 23 (esquina superior derecha); © Gunnar Pippel/Shutterstock.com, p. 23 (esquina inferior izquierda); © Pete Spiro/Shutterstock.com, p. 23 (esquina inferior derecha).

Portada: © Lerner Publications.